Mon animal

Les perruches

Kelley MacAulay et Bobbie Kalman

Traduction de Marie-Josée Brière

Catalogage avant publication de Bibliothèque et Archives nationales du Québec et Bibliothèque et Archives Canada

MacAulay, Kelley

    Les perruches

    (Mon animal)
    Traduction de: Parakeets.
    Comprend un index.
    Pour enfants de 6 à 10 ans.

    ISBN 978-2-89579-438-7

    1. Perruche ondulée - Ouvrages pour la jeunesse. I. Kalman, Bobbie. II. Titre. III. Collection : Mon animal.

SF473.B8M3314 2012   j636.6'8643   C2011-942349-9

Dépôt légal.– Bibliothèque et Archives nationales du Québec, 2012
Bibliothèque et Archives Canada, 2012

Titre original : *Parakeets* de Kelley MacAulay et Bobby Kalman (ISBN 978-0-7787-1789-8) © 2005 Crabtree Publishing Company, 616, Welland Ave., St. Catharines, Ontario, Canada L2M 5V6

Conception graphique
Katherine Kantor

Recherche de photos
Crystal Foxton

Conseiller
Dr Michael A. Dutton, D.M.V., D.A.B.V.P., Clinique pour oiseaux et animaux exotiques du New Hampshire ; www.exoticandbirdclinic.com

Remerciements particuliers à
Keith Makubuya, Sarah Chan, Lori Chan, Zachary Murphy, Candice Murphy, Maria-João Figueiredo et Parsley, Mike Cipryk et PETLAND

Photos
Marc Crabtree : page titre, pages 3, 5, 6, 7, 12, 13, 16-17, 18 (garçon), 20, 22, 23 (garçon), 25 (en haut), 28, 29, 30 et 31 ; Robert MacGregor : pages 14 (sauf perruche), 15, 18 (tas de nourriture), 19 (en haut) et 21 (baignoire) ; Maria-João Figueiredo : pages 14 (perruche), 18 (perruche avec gâterie), 21 (sauf baignoire), 23 (perruche), 24 et 25 (au milieu et en bas)
Autres images : Comstock, Digital Stock, Image Club Graphics et Photodisc

Illustrations
Margaret Amy Reiach

Direction : Andrée-Anne Gratton
Traduction : Marie-Josée Brière
Révision : Johanne Champagne
Mise en pages : Mardigrafe

© Bayard Canada Livres inc. 2012

Nous reconnaissons l'aide financière du gouvernement du Canada par l'entremise du Fonds du livre du Canada (FLC) pour des activités de développement de notre entreprise.

 Conseil des Arts   Canada Council
du Canada   for the Arts

Bayard Canada Livres inc. remercie le Conseil des Arts du Canada du soutien accordé à son programme d'édition dans le cadre du Programme des subventions globales aux éditeurs.

Cet ouvrage a été publié avec le soutien de la SODEC. Gouvernement du Québec – Programme de crédit d'impôt pour l'édition de livres – Gestion SODEC.

 Bayard Canada Livres
4475, rue Frontenac, Montréal (Québec) H2H 2S2
Téléphone : 514 844-2111 ou 1 866 844-2111
Télécopieur : 514 278-0072
edition@bayardcanada.com
bayardlivres.ca

Imprimé au Canada

Table des matières

Qu'est-ce qu'une perruche ?

Les perruches sont des oiseaux. Comme tous les oiseaux, elles ont un bec, deux pattes, deux ailes et une queue, qui leur permet de se diriger quand elles volent. Leur corps est couvert de plumes, qui les aident à voler et qui les tiennent au chaud. Il existe beaucoup de sortes de perruches. Celles que nous te présentons dans ce livre sont des perruches ondulées. Les perruches font partie d'un groupe d'oiseaux qu'on appelle les « psittacidés ».

Le corps de la perruche

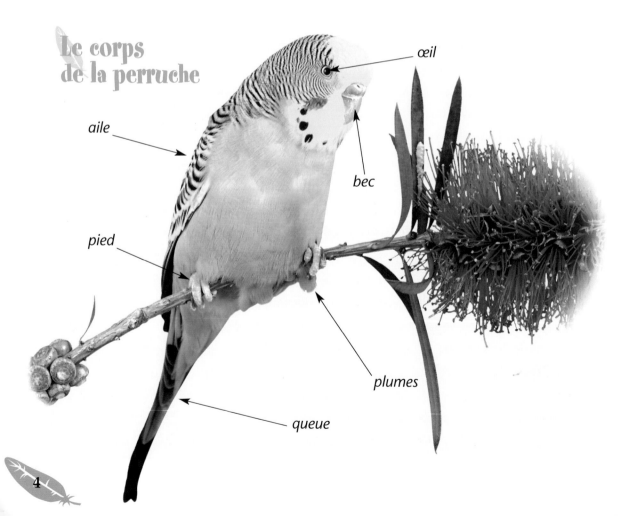

œil

aile

bec

pied

plumes

queue

Des cousines sauvages

Les perruches domestiques sont apparentées aux perruches sauvages. Les perruches sauvages ne sont pas apprivoisées. Elles vivent dans les **prairies** du centre de l'Australie. Elles se tiennent en groupe, dans les arbres, et dorment chaque nuit dans des arbres différents. La plupart des perruches sauvages sont vertes ou jaunes, mais il y a des perruches domestiques de toutes sortes de couleurs.

Comme leurs cousines sauvages, les perruches domestiques aiment vivre avec d'autres perruches.

Est-ce un bon choix pour toi ?

Les perruches sont des oiseaux enjoués et affectueux. Elles aiment la compagnie des gens. Mais c'est beaucoup de travail de prendre soin d'une perruche ! Tu devras nourrir la tienne et la laisser voler en liberté tous les jours. Tu devras aussi nettoyer sa cage une fois par semaine. Tu auras besoin de l'aide d'un adulte pour certaines tâches.

Sauras-tu bien t'occuper d'une perruche ?

Réfléchis bien !

Les questions qui suivent pourront vous aider, toi et ta famille, à décider si vous êtes prêts à adopter une perruche.

 Les perruches sont très bavardes, tant entre elles qu'avec les humains. Est-ce que tous les membres de ta famille sont prêts à en entendre une gazouiller ?

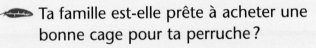 Y a-t-il des gens **allergiques** aux plumes d'oiseaux dans ta famille ?

Ta famille est-elle prête à acheter une bonne cage pour ta perruche ?

Qui va nourrir ta perruche et nettoyer sa cage ?

Les perruches peuvent vivre de 8 à 20 ans. Pourras-tu t'occuper de la tienne pendant toutes ces années ?

Tout plein de couleurs!

Il existe deux types de perruches ondulées. La plupart de celles qui sont vendues dans les animaleries sont des perruches américaines. Il y aussi des perruches anglaises. Ce sont des oiseaux de concours. Comme animal de compagnie, tu devrais plutôt choisir une perruche américaine. On trouve des perruches américaines de nombreuses couleurs différentes.
En voici quelques-unes.

Les perruches bleu ciel de type cannelle ont des plumes blanches, bleu pâle et brunes.

Les perruches jaunes ont des plumes jaune pâle, avec quelques plumes blanches autour de la queue.

Les perruches albinos sont entièrement blanches.

Les perruches opalines bleu foncé ont le corps d'une riche couleur bleue. Leurs ailes présentent un mélange de noir et de bleu. Leur tête est blanche.

Les perruches vert pâle ont le corps vert et la face jaune. Leurs ailes sont jaune et noir.

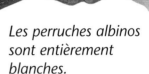

Les bébés perruches

Les bébés perruches portent le nom de « perruchons ».
Ils commencent leur vie dans un œuf pondu par leur mère.
Les perruches domestiques pondent leurs œufs dans un
nichoir accroché à leur cage. Le nichoir est une petite boîte
tapissée d'une litière faite par exemple de copeaux de
bois. Les mères perruches pondent de trois à cinq œufs,
qui **éclosent** après 18 jours environ. À la naissance,
les perruchons n'ont pas de plumes, et ils sont sourds
et aveugles. Leur mère doit les nourrir et les protéger.

*Cette mère perruche
donne à son petit de
la nourriture qu'elle
sort de sa bouche.*

Étape par étape

Les perruchons ouvrent les yeux après une semaine, et leurs plumes mettent environ un mois à pousser. Vers quatre ou cinq semaines, ils quitteront le nichoir et pourront alors manger seuls. Mais ils ne seront pas adultes avant l'âge d'un an!

Pas de surprises !

Si tu as une perruche mâle et une perruche femelle, tu n'as pas à t'inquiéter qu'ils aient des bébés sans que tu le fasses exprès. Tes perruches ne **s'accoupleront** pas à moins que tu leur installes un nichoir ou que tu couvres le fond de leur cage avec du papier déchiqueté. Si tu décides de les laisser s'accoupler, assure-toi d'abord de trouver des gens prêts à adopter tous les petits.

Le choix d'une perruche

Tu peux acheter une perruche chez un **éleveur** ou dans une animalerie. Tu peux aussi demander à tes amis et aux membres de ta famille s'ils connaissent des gens qui ont des perruches à donner. L'important, c'est de prendre ton oiseau dans un endroit où on s'occupe très bien des bêtes.

Amis pour la vie

Les perruches aiment vivre avec d'autres perruches. Si tu mets deux mâles ensemble, ou encore un mâle et une femelle, ils s'entendront bien. Mais il ne faut pas placer deux femelles dans la même cage parce qu'elles risquent de se battre. Si tu as seulement une perruche, tu devras lui accorder beaucoup d'attention pour éviter qu'elle s'ennuie.

Comment choisir?

Si tu décides d'adopter une perruche, prends ton temps pour la choisir. Tu auras probablement tendance à vouloir la plus enjouée. Mais il est important aussi qu'elle soit en bonne santé! Voici quelques éléments à surveiller:

- Elle est active et curieuse.

- Il n'y a pas de croûtes autour de ses yeux ou de son bec.

- Ses pieds et ses orteils sont propres.

- Elle n'est pas trop maigre.

- Ses plumes sont lisses, près de son corps.

- Elle vole vite, avec aisance.

Les préparatifs

Avant de ramener ta perruche à la maison, tu devras préparer tout le matériel nécessaire pour prendre bien soin d'elle. Voici quelques-uns des objets qu'il te faudra.

Ta perruche aura besoin d'une grande cage, de préférence plus large que haute.

Tu devras installer des baguettes de bois pour que ta perruche puisse s'y percher. Il faudra t'assurer que ses orteils ne puissent pas s'enrouler complètement autour de ces perchoirs.

Ta perruche pourra aiguiser son bec en le frottant sur un os de seiche.

Tous les six mois, tu devras étendre environ une tasse de sable au fond de la cage de ta perruche.

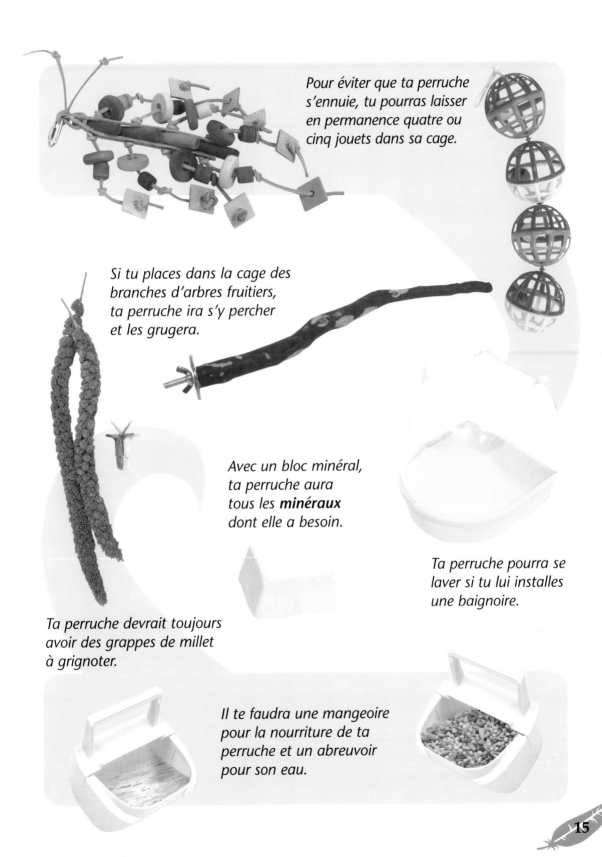

Pour éviter que ta perruche s'ennuie, tu pourras laisser en permanence quatre ou cinq jouets dans sa cage.

Si tu places dans la cage des branches d'arbres fruitiers, ta perruche ira s'y percher et les grugera.

Avec un bloc minéral, ta perruche aura tous les **minéraux** dont elle a besoin.

Ta perruche pourra se laver si tu lui installes une baignoire.

Ta perruche devrait toujours avoir des grappes de millet à grignoter.

Il te faudra une mangeoire pour la nourriture de ta perruche et un abreuvoir pour son eau.

La cage

Tu peux acheter une cage dans une animalerie. Demande à un adulte de t'aider à la monter avant de ramener ta perruche à la maison. La cage devrait avoir une base en plastique et des barreaux en métal, fixés à la base par des fermoirs à pince. N'oublie pas que les perruches ne sont pas très grosses. L'espace entre les barreaux doit être beaucoup plus petit que leur corps! Il devrait aussi y avoir sous la cage un plateau amovible, séparé de la base.
Tu pourras ainsi garder la cage propre plus facilement.

bloc minéral

Tes oiseaux auront besoin d'une cage d'au moins 75 centimètres de long. Ils seront en meilleure santé s'ils ont beaucoup d'espace.

balançoire   gâterie   os de seiche

bacs à eau et
à nourriture

jouet

grappe de millet

branche de bois pour grimper

*Les perruches adorent grimper.
Choisis de préférence une cage
munie de barreaux horizontaux
plutôt que verticaux.*

L'endroit idéal

Il est important de choisir un bon emplacement pour installer la cage dans ta maison. Voici quelques éléments à considérer pour trouver l'endroit idéal.

- Il ne faut jamais installer la cage dans la cuisine. Si ta perruche en sort, elle risque d'aller se poser sur la cuisinière chaude.

- Il faut éviter d'installer la cage près d'une fenêtre, à cause des courants d'air.

- La température de la pièce devrait se situer entre 18 et 26 °C.

- La pièce ne doit pas être trop **humide**.

L'alimentation

Les perruches doivent manger des aliments variés pour être en bonne santé. Tu peux acheter des aliments préparés exprès pour elles dans une animalerie, sous forme de mélanges de graines ou de granulés. Donne chaque jour à ta perruche un bol de granulés, auxquels tu ajouteras un quart de cuillerée à thé de graines. Choisis de préférence un mélange qui contient au moins huit sortes de graines. Les perruches ont aussi besoin de fruits et de légumes variés tous les jours. La tienne appréciera sûrement que tu lui donnes une poignée de petits pois, ou encore de petits morceaux de brocoli, de carottes ou de pommes.

Comme gâterie, tu peux donner à ta perruche un bâtonnet de graines collées ensemble avec du miel. Mais il ne faut pas lui en donner plus d'une ou deux fois par semaine, sans quoi elle risque de prendre trop de poids !

De l'eau fraîche

Ta perruche aura besoin d'eau fraîche pour rester en santé. Il est important que son bac à eau soit toujours plein d'eau propre, et qu'il soit lavé et rincé tous les jours. Et puis, assure-toi qu'il ne coule pas !

À ne pas mettre au menu !

Fais très attention à ce que tu donnes à manger à ta perruche. Certains aliments pourraient la rendre très malade !

- Il faut bien rincer les fruits et les légumes pour en enlever toute trace de **pesticides** dangereux.

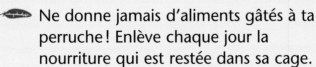

- Ne donne jamais d'aliments gâtés à ta perruche ! Enlève chaque jour la nourriture qui est restée dans sa cage.

- Il ne faut pas donner de laitue, d'avocat, de chou ou de rhubarbe à ta perruche. Elle pourrait être malade.

La propreté

Les perruches sont des animaux très propres. Elles passent beaucoup de temps à nettoyer et à lisser leurs plumes avec leur bec. Ta perruche aura quand même besoin de ton aide pour faire sa toilette. Voici quelques conseils pour qu'elle soit propre et en santé.

Une cage bien propre

La cage de ta perruche doit être nettoyée régulièrement. Une fois par semaine, lave à l'eau chaude les barreaux, le plateau du dessous et les bacs à nourriture. Deux fois par semaine, tu devras également frotter les perchoirs, la balançoire et les jouets avec un linge mouillé. Il ne faut jamais mettre de savon dans l'eau dont tu te sers pour nettoyer la cage et tout ce qu'elle contient. Le savon pourrait rendre ta perruche malade.

L'heure du bain

La plupart des perruches aiment prendre des bains. Achète une baignoire que tu fixeras à la porte de la cage, et verses-y environ un centimètre d'eau tiède. Assure-toi que l'eau n'est ni trop chaude, ni trop froide. Si ta perruche ne veut pas prendre de bain, elle préférera peut-être que tu lui donnes une douche! Tu peux la laver avec une bouteille à vaporiser remplie d'eau tiède. Si ta perruche cherche à se sauver, c'est le temps d'arrêter. Et ne t'inquiète pas si ta perruche n'aime pas être mouillée. Elle se nettoiera elle-même.

Après le bain, laisse ta perruche sécher à l'air libre.

Manipuler avec soin

Quand tu ramèneras ta perruche à la maison, laisse-lui au moins une journée pour explorer sa cage et s'y sentir à l'aise. Tu pourras ensuite l'habituer à se faire prendre, en suivant les étapes présentées ici. Lave toujours tes mains avant de manipuler ta perruche, et aussi après.

Dans la main

Avant que tu puisses toucher ta perruche, tu dois lui laisser le temps de s'habituer à toi. Chaque jour, à la même heure, prends une gâterie ou quelques graines dans la paume de ta main, et avance la main dans sa cage. En restant parfaitement immobile, parle doucement à ta perruche. Au début, la perruche ne s'approchera pas de ta main. Mais après quelques jours, elle commencera à te faire confiance.

Doucement !

Une fois que ta perruche sera habituée à ta main, avance un doigt vers elle et caresse très doucement le devant de son corps. Si elle semble à l'aise, appuie doucement sur le bas de son corps jusqu'à ce qu'elle monte sur ton doigt. Une fois qu'elle sera posée sur ton doigt, tu pourras retirer ta main de la cage. La perruche va probablement s'envoler. Il est donc important de t'assurer qu'elle ne court aucun danger dans la pièce. (Tu trouveras quelques conseils de sécurité à la page 29.) Pendant que la perruche vole dans la pièce, garde ton doigt dans les airs pour qu'elle revienne s'y poser. Elle finira par retourner dans sa cage.

Ta perruche voudra peut-être picorer ta peau ou tes cheveux quand elle sera posée sur ton doigt ou sur ton épaule. Mais ne t'inquiète pas ! Elle ne te fera pas mal.

L'heure de jouer

Les perruches sont des animaux enjoués et intelligents.
Elles adorent grimper, se balancer, grignoter des objets et
lancer des jouets avec leur bec. Pour être en bonne santé,
ta perruche devra faire beaucoup d'exercice. Il est bon
qu'elle passe quelques heures chaque jour en dehors
de sa cage. Et, quand elle sera dans sa cage, tu devras
t'assurer qu'elle a beaucoup de choses amusantes
à faire. En jouant, elle fera de l'exercice et restera
en santé.

*Les perruches sont
capables de faire sonner
une cloche avec leur bec.*

Les perruches aiment
bien les jouets faits avec
des billes et de la corde.

Se balancer, c'est un bon exercice !

La plupart des perruches aiment
s'amuser avec des balles de
plastique qu'elles peuvent
attraper avec leur bec.

Qu'est-ce qu'elle dit ?

Savais-tu que les perruches sont capables d'envoyer des messages ? Si tu observes attentivement la tienne, tu constateras peut-être qu'elle essaie de te dire quelque chose ! Voici quelques attitudes courantes par lesquelles les perruches expriment ce qu'elles ressentent.

Une perruche qui a trop chaud va soulever légèrement ses ailes et les décoller de son corps. Si ta perruche prend souvent cette attitude, déplace sa cage dans une pièce plus fraîche.

Si ta perruche est en colère, elle va se recroqueviller sur elle-même et ouvrir son bec très grand.

Ta perruche se
nettoie la tête
en la frottant
sur son perchoir.

Quand elles sont malades,
les perruches rentrent la
tête dans leurs épaules
et ébouriffent toutes
leurs plumes.

Pour dormir, les perruches
enfouissent leur tête dans
les plumes de leur dos.

27

En sécurité

Les perruches ne mordent pas, à moins qu'on les prenne par surprise. Pour éviter de te faire mordre par ta perruche, il ne faut pas la toucher quand elle dort. N'oublie pas qu'il faut toujours manipuler ton oiseau très délicatement. Les perruches s'effraient facilement! Si ta perruche te mord lorsqu'elle est sur ta main, il ne faut pas la repousser brusquement. Mets ta main à l'intérieur de sa cage, et elle ira se poser sur son perchoir.

Attention !

Avant de laisser ta perruche sortir de sa cage, assure-toi qu'elle ne court aucun des dangers suivants.

- Ta perruche ne voit pas les vitres des fenêtres. Ferme les rideaux pour l'empêcher d'aller se cogner dans une fenêtre.

- Ne laisse pas ta perruche hors de sa cage si quelqu'un est en train de se servir de la cuisinière. Ta perruche pourrait se brûler en allant se poser sur la cuisinière chaude.

- Enlève toutes les plantes **toxiques** que ta perruche pourrait vouloir manger.

- Cache tous les fils électriques. Ta perruche pourrait se blesser sérieusement si elle en grignotait un.

- Si tu as d'autres animaux de compagnie, surveille-les de près pour les empêcher de faire mal à ta perruche.

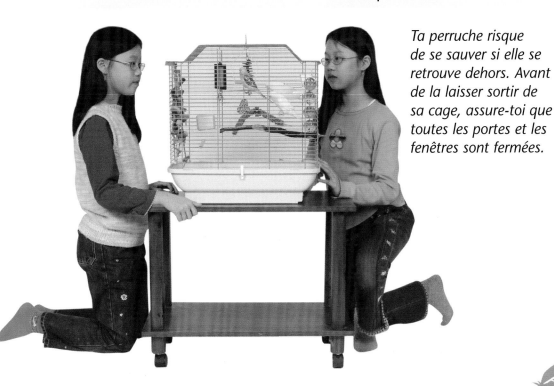

Ta perruche risque de se sauver si elle se retrouve dehors. Avant de la laisser sortir de sa cage, assure-toi que toutes les portes et les fenêtres sont fermées.

En bonne santé

Les vétérinaires sont des médecins qui soignent les animaux.
Ils t'aideront à garder ton oiseau en santé. Si ta perruche
ne va pas bien, elle ne te le fera pas nécessairement savoir.
Tu devrais donc l'emmener chez un vétérinaire tous les six
mois. Mais si tu penses qu'elle est malade, va tout de suite
voir le vétérinaire. Plus tôt ta perruche sera soignée,
meilleures seront ses chances de rester en vie !

Ta perruche pourrait avoir de la difficulté à manger si son bec est trop long. Ton vétérinaire pourra le lui tailler. Il pourra aussi tailler ses griffes.

Demande de l'aide

Il est très important d'emmener ta perruche chez un vétérinaire dès que tu te rends compte qu'elle est malade, par exemple si elle présente un des symptômes suivants :

- Elle vomit ou elle a du mal à respirer.
- Il y a du liquide qui s'écoule de ses yeux ou de ses narines.
- Elle a des bosses de couleur claire sur les pattes ou sur les pieds.
- Elle a le derrière mouillé.

Une belle vie

Pour garder ta perruche longtemps, tu devras prendre bien soin d'elle. Si tu la nourris bien, si tu fais sa toilette régulière-ment et si tu la manipules délicatement, elle sera heureuse et en bonne santé. Et une perruche en santé vivra plus longtemps. Alors, amuse-toi avec elle, et elle aura une très belle vie avec toi !

Glossaire

accoupler (s') S'unir à un autre animal de la même espèce pour faire des bébés

allergique Se dit d'une personne qui supporte mal quelque chose, par exemple un aliment ou un animal, et qui y réagit par exemple en éternuant

éclore Sortir d'un œuf

éleveur Personne qui assure la reproduction, la naissance et le développement des animaux

humide Se dit d'un endroit où l'air contient beaucoup d'eau

minéraux Substances, comme le sel, dont les êtres vivants ont besoin pour rester en santé

nichoir Boîte dans laquelle les femelles perruches pondent leurs œufs

pesticide Produit chimique qui sert à tuer les organismes nuisibles, comme certains insectes

prairie Vaste zone où il pousse surtout des herbes et quelques arbres

toxique Qui contient des substances capables de tuer un animal ou de le rendre malade

Index